MIX
Papier aus verantwortungsvollen Quellen
FSC® C002795

1. Auflage 2022

Text: Matthias Meyer-Göllner
Redaktion: Christina Zierk
Illustrationen: Tina Vlachy
Druck: Livonia Print, Jūrkalnes iela 15/25, LV-1046 Riga, Lettland
Die CD *Über das Meer* ist im JUMBO Verlag
erschienen (ISBN: 978-3-8337-4468-6).
Die Deutsche Bibliothek – CIP-Einheitsaufnahme
ISBN: 978-3-8337-4484-6

www.jumboverlag.de

Matthias Meyer-Göllner • Tina Vlachy

Über das Meer

Mein Erlebnisbuch über Klabauterkinder, kleine Schiffe, Seetiere und das Leben rund ums Meer

JUMBO

Auf Schatzsuche im großen weiten Meer

© Isabell Strack (Eutin)

Die Kinder Emilia, Levi und Keola werden am Ende ihrer Reise über das große weite Meer viel erzählen: Von Seesternen und Trottellummen. Von Muschelbänken und Klabautermädchen. Von Samoa und Namua, zwei Inseln vom anderen Ende der Welt. Und sie haben einen neuen Tanz gelernt: den Sasa Samoa.

Aber zunächst müssen sie sich auf einen weiten Weg machen. Er beginnt irgendwo an der Nordsee, vielleicht sogar genau dort, wo du in diesem Moment gerade deine Füße ins Wasser hältst. Hast du auch schon wie Levi einen Seestern aus dem Sand gebuddelt? Trägst du manchmal wie Emilia eine Kapitänsmütze auf dem Kopf? Und träumst du von einem großen Schatz, wie Keola, der Emilia und Levi mit auf seine Weltreise nimmt?

Dann steig mit ein und erlebe, was das Meer dir zu bieten hat: Beobachte auf Helgoland die Trottellummen, wenn sie vom roten Felsen springen. Lausche den singenden Muschelbänken vor der Küste Westafrikas. Sammle gemeinsam mit den Klabautermädchen Plastikmüll kurz vor Australien. Und tauche mit den Kindern von Namua nach dem sagenumwobenen Piratenschatz.

Die Geschichte erzählt von einer Schatzsuche, mit den Liedern, Spielen und Bastelideen kannst du mitmachen und die großen Abenteuer selbst erleben. Und du kannst am Ende mit allen tanzen: Mit den Kindern aus der Geschichte, deinen Freundinnen und Freunden, deinen Eltern und Großeltern und allen anderen neugierigen und reiselustigen Menschen – im Sitzen oder im Stehen, da wo du gerade bist.

Ganz viel Spaß und eine tolle musikalische Abenteuerreise wünscht dir

Matthias Meyer-Göllner

Geschichte

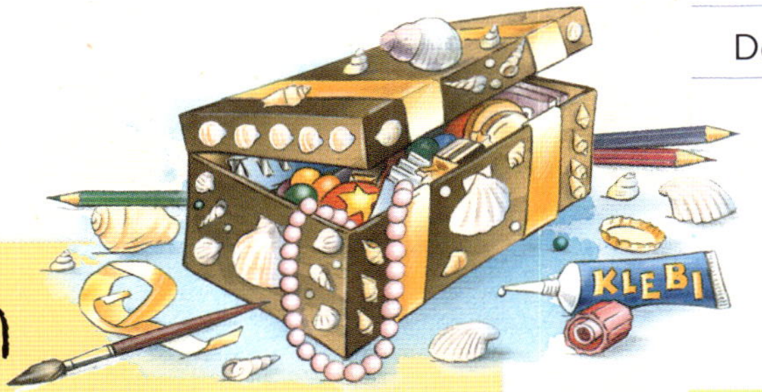

Basteln

Lieder und Spiele

Wissen/Experimente

Am Strand

Am Morgen sind noch nicht viele Menschen am Strand. Levi freut sich, denn so kann er sich den besten Platz für seine Kanäle aussuchen. Er hat einen Eimer und zwei Schaufeln dabei. Mit der größeren Schaufel kann er tiefe Löcher graben und mit der kleinen sorgfältig im Sand buddeln.
Als er mit den Füßen vorsichtig fühlt, wie kalt das Wasser ist, sieht er etwas am Strand liegen. Eigentlich sieht er nur einen kleinen Teil, der Rest ist im Sand vergraben. Vorsichtig berührt Levi mit einer Hand das stielförmige Etwas. Fühlt sich rau an. Mit der anderen Hand nimmt er die kleine Schaufel und buddelt den Stiel weiter aus. Das Etwas hat noch vier weitere Stiele, die sich wie ein Stern in der Mitte treffen.
Es ist abgehärtet und ausgetrocknet. Riecht ein bisschen nach Meerwasser. Vielleicht ist es ein Fisch? Aber so sieht kein Fisch aus. Das ist wohl eher …
„Wo hast du denn den Seestern gefunden?“, fragt jemand.
Die Stimme kommt von einem Strandkorb, der nur ein paar Meter entfernt steht. Levi hält den Seestern in die Höhe. „Direkt hier im Sand!“, ruft er dem Mädchen zu, das nun näherkommt. Sie trägt eine weiße Mütze mit einem schwarzen Schirm, auf dem ein goldener Anker aufgenäht ist.

„Der ist wohl bei dem Sturm gestern von den Wellen an den Strand getragen worden.“ Das Mädchen nimmt ihm den Seestern aus der Hand und wirft ihn im hohen Bogen ins Meer.

„He, was soll das?“ Levi ist empört.

„So kann er wenigstens noch als Möwenfutter genutzt werden.“ Das Mädchen lacht. „Wenn ein Seestern vom Meeresgrund an Land gespült wird, überlebt er das nicht lange.“

Levi sagt nichts und sieht das Mädchen an. Na toll, die weiß ja richtig Bescheid!

„Nur auf dem Meeresboden fühlen Seesterne sich wohl. Da können sie sogar krabbeln, aber nur sehr langsam! Ein Seestern hat fünf Arme, so wie meine Hand fünf Finger hat, siehst du?“ Das Mädchen hält ihre gespreizte Hand direkt vor Levis Nase. Als ob er kurzsichtig wäre. „Jetzt ist meine Hand ein Seestern.“

Levi weicht ein bisschen zurück und streckt ihr dann seine eigene gespreizte Hand entgegen. „Ich hab auch einen Seestern."
„Na klar." Das Mädchen lacht. „Jeder hat doch einen oder sogar zwei."
Sie lassen ihre Hand-Seesterne durch den feuchten Sand am Strandufer krabbeln. Die Spuren, die dabei entstehen, werden von den Wellen gleich wieder weggespült. Levi denkt an den Seestern, der jetzt als Möwenfutter auf dem Meeresgrund liegt.
„Können Möwen denn überhaupt tauchen?"
„Nicht wirklich", antwortet das Mädchen. „Sie können aber mit dem Kopf kurz unter Wasser tauchen. Am liebsten klauen sie den Menschen aber ihre Pommes vom Teller!"
Levi hat immer noch die kleine Schaufel dabei. Damit gräbt er jetzt einen kleinen Kanal zwischen ihren beiden Hand-Seesternen.
„Jetzt sind unsere Seesterne wohl befreundet", sagt das Mädchen. „Wie heißt du überhaupt?"
Levi sagt es ihr und bekommt dabei gar nicht mit, wie eine kleine Welle seinen Kanal schon wieder fortspült.
„Ich bin Emilia!", strahlt das Mädchen. „Aber wir sollten unsere Wassergräben ein bisschen weiter im Trockenen buddeln. Sonst werden die nie lange halten!"
Levi holt noch die andere Schaufel und den Eimer und dann fangen sie an zu graben. Er hat den Seestern fast vergessen. Nur einmal denkt er kurz darüber nach, ob der wohl auch Freundinnen und Freunde hatte.

Ein Seestern-Fingerspiel findest du auf Seite 33.

Schiff ahoi!

„Achtung, Seeleute, seid bereit zur großen Fahrt über das Meer!" Emilia steht mit ihrer Kapitänsmütze breitbeinig über der Sandburg. In den Händen hält sie den Eimer von Levi, der mit Meerwasser gefüllt ist.
„Schiff ahoi, Frau Kapitänin!", antwortet Levi, der am unteren Ende der Burg steht. Genau da, wo das Wasser ankommen muss, wenn es durch das Grabensystem geflossen ist. Mit ihren Schaufeln haben die beiden fast den ganzen Morgen Kanäle gegraben. Den Sand haben sie in der Mitte zu einer riesengroßen Burg aufgetürmt. Ganz oben in der Spitze steckt eine bunt gestreifte Fahne mit allen Farben des Regenbogens.
„Da können alle rein in unsere Burg, egal wo sie herkommen", hat Emilia erklärt. Emilia kann gut erklären, denn sie ist schon in der zweiten Klasse. Also fast: Wenn die Ferien zu Ende sind, dann ist sie so weit.
Levi hat ein Papierschiffchen auf seiner Seite der Burg in den Kanal gelegt. Noch liegt es im Trockenen, aber wenn Emilia die Burg flutet, wird das Wasser durch sie hindurch in die vielen Gräben laufen und am Ende bei seinem Schiffchen ankommen. Und dann kann es schwimmen. Auf großer Fahrt zur Burg. Und über das Meer.
„Halt, Leute, so wird das nichts!" Die Stimme kommt von ganz woanders.
Levi dreht sich um.
„Nicht gießen, sonst geht das Schiff unter!" Ein Junge kommt näher und fuchtelt wild mit den Armen. „Erst Wasser reinlaufen lassen, dann das Schiff reinsetzen, sonst gluck-gluck und das war's."
Er deutet mit der Hand eine Bewegung nach unten an.

Levi sieht ihn erstaunt an. „Meinst du wirklich?"
„Woher willst du das denn wissen?", fragt Emilia und lässt den Eimer mit Wasser sinken. „Bist du etwa ein richtiger Matrose?"
„Nein, kein Matrose, ich bin Kapitän!" Der Junge hält den Kopf etwas höher. „Auf meinem eigenen Schiff!"
„Du hast ein eigenes Schiff?" Levi nimmt sein Papierschiffchen aus dem Graben. „So eins wie dieses hier?"
„Nein." Der Junge lacht. „Etwas größer ist es schon. Obwohl es wirklich ein kleines Schiff ist. Es hat gerade genug Platz für mich. Und manchmal für einen oder zwei Passagiere."
„Dann bist du ja gar kein richtiger Kapitän." Emilia rückt ihre Mütze auf dem Kopf zurecht. „Du hast ja gar keine Matrosen. Du bist ja nur einer."
„Oh doch, auf so einem kleinen Schiff müssen alle mithelfen. Alle sind Matrosen, Kapitäne und Passagiere. Sonst funktioniert es nicht."
„Wenn ich Kapitänin werde, dann auf einem richtigen Riesenschiff. Mit Schornsteinen und Rettungsbooten. Und mit einer Brücke, von der aus ich alles bestimme."
„Dann muss ich aufpassen, wenn ich dich mal treffe. Sonst kentert meine Vaiana noch in deinen Kielwellen." Der Junge lächelt, als er das erzählt. „Große Schiffe machen große Wellen, die kleine Schiffe vor Probleme stellen!"

EMILIA
Lieder und Spiele zur Geschichte findest du ab Seite 30.

Vaiana und Keola

„Das sieht ja aus wie mein Bett mit einem Segel!“, ruft Emilia als die drei am kleinen Bootshafen ankommen. „Und damit segelst du um die Welt?“

Der Junge lacht Emilia und Levi an. „Na klar, mit meiner *Vaiana* schaffen wir das. Ich nenne sie auch: Mein Mädchen aus dem Wasser. Sie bringt mich überall hin.“

Dann krabbelt er an Bord seines kleinen Schiffes. Es sieht wie ein richtiges Schiff aus, mit einer Kajüte, einem Mast und einem Segel. Nur eben sehr klein. So wie Emilias Bett. Aber Emilias Bett ist auch ein bisschen größer als andere Betten. Manchmal trägt sie darin sogar Fußballspiele aus.

„Schiff ahoi!“, sagt der Junge. „Käpt’n Keola heißt sie an Bord der *Vaiana* willkommen, liebe Matrosen-Passagiere! Wenn ihr wollt, kann ich mit euch über das Meer fahren. Bis nach Samoa.“

Während Emilia sofort an Bord springt, zögert Levi noch. Mit so einem Minischiff einmal um die Welt? Ist das nicht ein bisschen weit? Da sind wir doch bestimmt nicht zum Abendessen zurück?, überlegt er.

„Komm an Bord, Abenteurer! Der unermessliche Namua-Schatz wartet auf dich“, ermuntert Keola ihn.

„Los, Levi!“, ruft Emilia. „Mit zwei Kapitänen kann dir doch gar nichts passieren.“ Ein Kapitän und eine Kapitänin, denkt Levi noch und dann springt er an Bord. „Leinen los, wir nehmen erst mal Kurs auf Helgoland“, bestimmt Keola. Und während sie aus dem Hafen aufs offene Meer gleiten, erzählt er seinen beiden Passagier-Matrosen von seiner Heimat Samoa. Ein Land im großen pazifischen Ozean auf der anderen Seite der Erde. Er erzählt von den Inseln, die früher einmal Vulkane waren und Feuer und Lava gespuckt haben. Seit über einhundert Jahren tun sie das nicht mehr und es leben dort Pflanzen, Tiere und Menschen. „Namua ist auch so eine Insel, allerdings leben dort keine Menschen“, erklärt Keola. „Da sind nur ein paar Hütten für Touristen. Man sagt, dass dort ein gesunkenes Seeräuberschiff auf dem Meeresgrund liegt. Mit einem großen Schatz. Bisher hat den allerdings noch niemand gefunden.“

Wie du aus Walnüssen Schiffe bastelst, erfährst du auf S. 37.

Darum geht es also, denkt Levi. Ob ich so tief tauchen kann? Und sie ist ja trotzdem ganz schön weit weg, diese Insel. Aber was ist das? Da vorne im Wasser steht doch ein roter Felsen.
„Ist das schon deine Insel?“, will Levi von Keola wissen.
„Nein.“ Keola lacht. „Die sieht ganz anders aus. Der große rote Stein da vorn ist die lange Anna von Helgoland.“
Jetzt schaltet sich Emilia wieder ein. „In den roten Felsspalten der Insel nisten die Trottellummen. Hoch über dem Wasser. Leider können sie nicht fliegen, obwohl es Vögel sind.“
„Es gibt Vögel, die nicht fliegen können?“, fragt Levi ungläubig.
Emilia ahmt Schwimmbewegungen mit den Armen nach. „Dafür können sie richtig gut tauchen und auf dem Wasser paddeln. Und deshalb machen die Kleinen ihren berühmten Lummensprung ins Wasser, wenn sie aus dem Ei gekrochen sind.“
„Sieht ziemlich hoch aus.“ Levi blinzelt an dem langen, roten Felsen entlang in den Himmel. Weit über ihm rutscht eine frisch geschlüpfte Lumme über den Klippenrand, segelt durch die Luft und landet mit einem *Platsch* im Meer. Nach einem kurzen Augenblick hört er das Kleine übers Wasser zetern.
Emilia grinst. „Jetzt ruft es seine Eltern.“

Singende Muschelbänke

Auf Helgoland machen die drei eine kurze Pause, um ein Fischbrötchen zu essen. Außerdem kaufen sie Postkarten mit einem älteren Mann drauf, der eine Wollmütze trägt.
„Der sieht lustig aus", findet Keola. Die Postkarten schicken sie nach Hause.
„Wir sind auf Schatzsuche. Komme wahrscheinlich nicht vor dem Abendbrot. Grüße von den Hummerklippen", diktiert Levi Emilia seine Postkarte. Emilia kann schon richtig schreiben.
Dann erklärt Keola ihnen den Weg. „Wir segeln jetzt Richtung Süd. An Europa vorbei, um Afrika rum, durch den indischen Ozean, lassen Australien links liegen und steuern dann auf Samoa zu."
Je mehr sie nach Süden kommen, umso wärmer wird es. Irgendwann wird es sogar richtig heiß. Zum Glück hat Emilia ihre Kapitänsmütze. Levi hat sich aus einem Tuch, das er in der Kajüte gefunden hat, einen Sonnenhut gefaltet. Mit einem Knoten an jeder Ecke. Sieht fast aus wie ein Dreispitz, dem typischen Piratenhut.
„Du wirst noch ein richtiger Pirat!",
meint Keola lachend.

Spiele den Gesang der Sirenen nach auf S. 46.

Als es so heiß ist, dass es nicht noch heißer werden kann, wendet sich Keola Emilia und Levi zu. „Dort ist Mauretanien, das liegt nordwestlich in Afrika. Wir durchfahren jetzt das Arguinbecken. Es ist wunderschön und es gibt dort ein Wattenmeer, wie bei euch an der Nordsee."
„Das Wasser verschwindet also regelmäßig und kommt immer wieder?", will Emilia wissen.
Keola nickt. „Ich glaube, bei euch nennt man das Ebbe und Flut."
Wie in meiner Badewanne, denkt Levi. Da gluckert das Wasser auch weg und kommt durch den Wasserhahn wieder.
„Dann gibt es dort bestimmt auch viele Tiere: Fische, Krabben, Seesterne, Vögel ... und Muscheln! Gibt es auch Muscheln?" Emilia sieht Keola herausfordernd an.
„Genau das wollte ich euch erzählen: Es gibt die singenden Muschelbänke. Weil im Nationalpark keine Motorboote fahren dürfen, kann man die gut hören. Immer wenn das Wasser abläuft und wiederkommt, gluckert und plätschert und zischt es in den Muscheln. Das klingt wie wunderschöner Gesang. So mancher Seebär wurde von dem Gesang angelockt und verzaubert. Und hat es dann nicht mehr rechtzeitig zurückgeschafft. Deswegen müssen wir uns etwas in die Ohren stopfen, damit wir nicht in die Irre geführt werden."
„Ich möchte aber gerne die singenden Muschelbänke hören", sagt Emilia.
Ich auch, denkt Levi, aber ist das nicht zu gefährlich?
„Also gut", seufzt Keola. „Ich werde euch am Mast festbinden und mir selbst die Ohren verstopfen, dann könnt ihr den Muschelgesang hören, während wir vorbeifahren."

Klabautermädchen

So ein schöner Gesang, denkt Levi. Ich will unbedingt sehen, wer so schön singt. Aber ich bin hier gefesselt. „Keola", ruft er. „Mach mich los." Aber der kleine Kapitän sitz nur im Bug der *Vaiana* und schaut aufs Meer.
„Gib's auf, Levi, er kann dich nicht hören." Emilia seufzt. „Und sei froh: Wenn du zu den Muscheln laufen würdest, würde dich irgendwann die Flut holen. Also sei still und genieß die Klänge."
Levi muss noch lange an die schönen Muschelgesänge denken. Als sie um das Kap der guten Hoffnung herumsegeln, hört er sie noch, und auch in den sternenklaren Nächten auf dem indischen Ozean gehen ihm die wunderschönen Muschellieder nicht aus dem Kopf. Irgendwann erreichen sie Australien und segeln an der Südküste entlang. Keola wird in dieser Zeit immer stiller. Beinahe ängstlich blickt er auf den Horizont.
„Da vorn ist eine Insel mit drei Hügeln", ruft Emilia plötzlich begeistert.
„Psssst, bist du wahnsinnig? Sei bloß nicht so laut!" Keola flüstert jetzt. „Lass uns sehen, dass wir hier möglichst unauffällig vorbeikommen."
Was hat er nur? Levi wundert sich, weil der kleine Kapitän sonst immer so mutig und fröhlich wirkt.
„Was ist denn los mit dir?", fragt Emilia. „Gibt es hier Seeungeheuer?"
„Das nicht gerade, aber auf der Drei-Hügel-Insel wohnen die gefährlichsten Freibeuter der sieben Weltmeere: die Klabautermädchen!", wispert Keola.
Von denen hat Levi noch nie gehört und auch Emilia zuckt nur mit den Schultern.

Wie Muscheln helfen, das Meer zu reinigen, erfährst du auf S. 43.

„Ich sage euch: Jeder Kapitän wird weich in den Knien, wenn die Klabautermädchen sein Schiff entern. Und alle Seeleute suchen sofort das Weite. Die schonen niemanden und sind völlig unerschrocken!“ Keola zuckt zusammen. So als hätte er etwas Schreckliches gehört.
Aber da war doch nur das Plätschern der Wellen, denkt Levi. Oder gibt es da doch noch etwas anderes? Konzentriert lauscht er in den Wind. Ist da nicht noch ein Geräusch zwischen Wasser und Luft? Ein leises Grölen, das von der Drei-Hügel-Insel herübergetragen wird? Was wird da gerufen?
„Klingt wie: Peppi mach lauter“, flüstert Emila.
Keola ist ganz bleich geworden. „Nein, das ist es nicht. Es ist der Schlachtruf der Klabautermädchen: Happy Klabauter!“

Namua

Levi findet die Klabautermädchen überhaupt nicht gefährlich. Im Gegenteil: Er mag es, wenn sie mit ein paar alten Fässern ihren wilden Tanz aufführen. Sie laden die drei sogar zu einem Stopp auf der Drei-Hügel-Insel ein. Und nachdem sie gemeinsam mit Kokosmilch angestoßen haben, entspannt sich auch Keola langsam.

Am nächsten Tag bringen die Klabautermädchen sie noch durch die ganze Tasmansee. In ihren Fässern sammeln sie unterwegs schwimmenden Plastikmüll aus dem Meer. Davon schwimmt ganz schön viel im Wasser rum. Manche Tiere halten das für Futter und essen es. Und das ist nicht gesund! Deswegen kümmern sich die Klabautermädchen darum. Das Schiff der Klabautermädchen ist viel größer und sie nehmen die *Vaiana* einfach ins Schlepptau. Bei Neukaledonien sind ihre Fässer voll mit Müll. Sie verabschieden sich und machen sich auf den Heimweg.

„Jetzt haben wir es bald geschafft!“, strahlt Keola. Sie fahren an den Fidschi-Inseln vorbei und schließlich wird er ganz aufgeregt: „Da vorne ist Samoa. Seht ihr die zwei großen Inseln? Rechts daneben liegt noch eine ganz kleine. Das ist Namua.“

Keola hat erzählt, dass auf Namua keine Menschen leben. Aber als sie am Strand aus dem Schiff steigen, kommen ein paar Kinder auf sie zugelaufen.

„Wer seid ihr? Was wollt ihr hier?“, fragt ein großer Junge. Keola erzählt von ihrer Weltreise und dass sie hier nach einem Schatz tauchen wollen.

„Ein Schatz?“, staunt der Junge. „Hier gibt es keinen Schatz! Hier gibt es nur ein paar Hütten für Gäste und eine Tauchschule.“

„Das ist genau das, was wir brauchen“, sagt Keola freudestrahlend. Sie setzen sich unter einen der Schirme aus Palmwedeln, die zwischen kleinen Hütten am Strand stehen. Und dann erzählt Keola von dem Seeräuberschiff, das vor vielen Jahren vor Namua gesunken ist. Sein Schatz soll unermesslich sein.

„Die Tauchlehrerin ist meine Mutter“, sagt der große Junge. „Sie kann uns bestimmt Taucheranzüge geben, mit denen wir nach unten kommen. Ich heiße übrigens Aleki.“ Auch die anderen stellen sich vor und machen sich dann auf den Weg zur Tauchschule.

Natürlich müssen sie erst noch tauchen üben. Alekis Mutter zeigt ihnen die wichtigsten Unterwassertricks. „Und vor allem müsst ihr aufpassen, dass ihr nicht zu schnell nach unten taucht. Und ihr dürft auch nicht zu schnell wieder raufkommen.“

Deswegen machen sie sich mit den Taucheranzügen langsam auf den Weg nach unten. Erst fünf Meter, dann zehn Meter,
dann zwanzig Meter ... ab in die Tiefe.

Sasa Samoa

„Und wem gehört jetzt der Schatz?", fragt Emilia als die Kinder am Strand um die geöffnete Kiste stehen. Überall glitzern Goldmünzen und Schmuckstücke. Levi spielt mit einem Ring, in dem ein großer roter Edelstein in der Sonne leuchtet.
„Wenn es ein Seeräuberschatz ist, gehört er doch den Seeräubern", findet Aleki.
„Aber die sind doch schon lange tot!" Keola sagt das sehr bestimmt. „Außerdem haben sie das ja alles nur geklaut!"
Also gehört er uns?, fragt sich Levi. Immerhin haben wir ihn gefunden. Aber was machen wir damit? Einmal um die halbe Welt schleppen?
Jetzt meldet sich Emila zu Wort. „Ich finde, der Schatz gehört Namua. Deswegen müsst ihr ihn hierbehalten. Das Zeug ist schon genug hin- und hergeklaut worden, darum bleibt es bei euch! Und ihr könnt damit eine Schule bauen. Und in der Schule steht ein Schrank aus Glas und da legt ihr den roten Glitzerstein rein. Als Erinnerung!"
„Gute Idee", ruft Keola. „Und jetzt: Lasst uns tanzen!"
Keola, Aleki und die anderen samoanischen Kinder zeigen Levi und Emilia ihren Tanz: den Sasa. Ganz einfach ist er nicht, aber mit ein bisschen Übung haben sie schnell heraus, wie es geht.
Für die Rückreise spendieren die Kinder ihnen eine Fahrt auf einem richtigen Riesenschiff. Emila ist begeistert und auch Levi findet es aufregend. Sie dürfen sogar einmal beim Kapitän auf der Brücke stehen.
Zu Hause müssen sie viel erzählen: Von Seesternen und Trottellummen. Von Muschelbänken und Klabautermädchen. Von Samoa und Namua.
Und sie zeigen allen ihren neuen Tanz: den Sasa Samoa.

Bastle dir
deine eigene
Schatzkiste
auf S. 50.

SASA SAMOA

Lieder und Spiele

Noten, Liedtexte und die schönsten Ideen zum Mitmachen und Bewegen - Spielerisch Koordination und Rhythmik fördern

Basteln

Kreativer Bastelspaß
rund um das
Thema „Meer"

Wissen und Experimente

Wissenswertes über den
Sprung der Trottellummen
und wie Muscheln helfen,
das Meer zu reinigen.

LIED (CD Track 2)

Über das Meer

T. & M.: Matthias Meyer-Göllner

2. Gibts auch Ungeheuer, auf zum Abenteuer – über das Meer!
Segel zieht so heftig, denn der Wind bläst kräftig – über das Meer!
Spann dein Segel, spür den starken Wind – fffff,
sieh die Wolken ziehen fort geschwind – fffff, über das Meer!

3. Wind bläst in die vollen, Riesenwellen rollen – über das Meer!
Sturm beginnt zu jagen, Segel weggetragen – über das Meer!
Halt dein Segel fest im wilden Sturm – ichuuuu,
krachen Wellen höher als ein Turm – ichuuu, über das Meer (4x)

4. Fast will ich verzagen, doch ich werd getragen – über das Meer!
Lieg ich dann am Strande, träume ich im Sande
von der Fahrt über das Meer!

Sturm und Ruhe - Bewegungsspiel

SPIEL

Das Lied beginnt ruhig wie das Meer bei Windstille. In seinem Verlauf steigert sich die Musik immer mehr und wird schließlich zum Orkan. Am Ende beruhigt es sich wieder, der Sturm hat sich gelegt. Diesen Verlauf können wir auf unterschiedliche Weise darstellen. In der einfachen Version sitzen wir am Anfang ganz ruhig.

1. Strophe: *Wellen mit den Händen darstellen und sanft pusten.*

2. Strophe: *Wellen mit Armen darstellen, das Pusten wird stärker.*

3. Strophe: *Wir stehen auf. Der gesamte Körper macht jetzt große Wellenbewegungen. Wir pusten und heulen wie ein Orkan.*

4. Strophe: *Wir sitzen wieder und lauschen auf die Stille.*

Art der Aktivität:
- einzeln oder gemeinsam

Ziele:
- Rhythmik fördern
- Bewegung

Voraussetzungen/ Vorbereitungen:
- Lied anhören
- evtl. ein Schwungtuch

Tipp: Spielt das Spiel ergänzend mit einem Schwungtuch und lasst Wellen entstehen!

LIED (CD Track 4)

Der reitende Seestern

T. & M.: Matthias Meyer-Göllner
Originaltonart F-dur, Kapo III. Bund

2. Der Seestern findet einen dicken Stein,
dub-dub-dubi-duh.
Er geht drumrum, es führt kein Weg hinein,
dub-dub-dubi-duh. (2x)

3. Der Seestern tastet dann, der Stein ist weich,
dub-dub-dubi-duh.
Er klettert rauf und denkt: „Da bleib ich gleich!"
Dub-dub-dubi-duh. (2x)

4. Der Seestern streckt die Arme, macht sich groß,
dub-dub-dubi-duh.
Da, bebt der Stein, nanu, was ist da los?
Dub-dub-dubi-duh. (2x)

5. Dann fängt der Stein auch noch zu kriechen an,
dub-dub-dubi-duh.
Der Seestern fühlt sich wie ein Reitersmann,
dub-dub-dubi-duh. (2x)

6. Der Seestern macht hier keinen Pferderitt,
dub-dub-dubi-duh.
'Ne Seegurke nimmt ihn ein Stückchen mit,
dub-dub-dubi-duh. (2x)

Der Seestern und die Seegurke – Fingerspiel

Ein Seestern hat fünf Arme. Genau so viele Finger hat auch deine Hand. Deshalb ist die eine Hand der Seestern. Die andere Hand ist die Seegurke: Zur Faust geballt bewegt sie sich die meiste Zeit nicht. Erst ab der vierten Strophe des Liedes erwacht sie zum Leben. So sehen die Bewegungen zu den einzelnen Strophen aus:

Art der Aktivität:
- einzeln oder gemeinsam

Ziele:
- Koordination, Empathie

Voraussetzungen/ Vorbereitungen:
- Lied anhören

1. Ein Seestern krabbelt auf dem Meeresgrund.
Die Finger deiner Seesternhand bewegen sich in der Luft oder auf dem Boden.
Er hat fünf Arme, fühlt sich sehr gesund.
Die fünf Finger werden gestreckt, bewegen sich und werden gezeigt.

2. Der Seestern findet einen dicken Stein.
Die Faust der anderen Hand kommt hinzu, der Seestern betrachtet sie.
Er geht drumrum, es führt kein Weg hinein.
Die Seesternhand krabbelt um die Faust herum.

3. Der Seestern tastet nun, der Stein ist weich.
Die Finger der Seesternhand betasten die Faust.
Er klettert rauf und denkt: „Da bleib ich gleich!“
Die Seesternhand krabbelt auf die Faust.

4. Der Seestern streckt die Arme, macht sich groß.
Die Seesternhand streckt oben auf der Faust die Finger aus.
Da bebt der Stein, nanu, was ist da los?
Die Faust wackelt.

5. Dann fängt der Stein auch noch zu kriechen an.
Die Faust bewegt sich vorwärts, die Seesternhand sitzt oben drauf.
Der Seestern fühlt sich wie ein Reitersmann.
Die Faust wechselt die Richtung.

6. Der Seestern macht hier keinen Pferderitt,
'Ne Seegurke nimmt ihn ein Stückchen mit.
Die Faust bewegt sich weiter mit dem Seestern auf dem Rücken.

Große Schiffe, kleine Schiffe

T. & M.: Matthias Meyer-Göllner
Originaltonart F-dur, Kapo III. Bund

2. Große Schiffe haben große Schlote,
kleine Schiffe nicht mal Rettungsboote.
Große Schiffe machen große Wellen,
die kleine Schiffe vor Probleme stellen.
Große Schiffe machen …

3. Große Schiffe seh'n Amerika,
kleine Schiffe sind schnell wieder da.
Große Schiffe fahr'n mit vielen Gästen,
kleine Schiffe haben Blumenkästen.
Große Schiffe machen …

Doch ist ein Hafen zu eng, ist die Durchfahrt für Dicke zu schmal,
dann hat ein ganz großes Schiff keine Chance und auch keine Wahl,
dann kommt ein kleineres Schiff, vielleicht sind es auch zwei oder drei,
und schleppt und zieht und zerrt das große wieder frei!

4. Piraten entern gerne große Schiffe,
die kleinen laufen seltener auf Riffe.
Große Schiffe kannst du lang noch sehn,
wenn kleine Schiffe längst nach Hause gehn.
Große Schiffe machen …

Nebelhörner und Tröten

Art der Aktivität:
- gemeinsam

Ziele:
- Gruppenerlebnis

Voraussetzungen/ Vorbereitungen:
- Lied anhören

Jedes Schiff hat ein eigenes Signal, mit dem es seine Ankunft bekannt gibt. Das Signal dient auch dazu, im dichten Nebel Aufmerksamkeit zu erzeugen, um Unfälle zur vermeiden: Achtung, hier komme ich! Im Liedrefrain spielt dieses Tuten und Tröten eine Rolle.

Große Schiffe machen ganz laut tuuuuut!
Zunächst machen wir für die großen Schiffe ein langgezogenes „Tuuuuut!“.

Kleine Schiffe klingen mehr wie Tut-tu-tu-tut!
Dann folgen die kleineren Schiffe mit kürzeren Stößen: „Tut-tu-tu-tut!“

Schiffe aus Walnüssen

Material:

- Walnusshälften
- Papier
- Buntstifte
- Wassermal-farben & Pinsel
- Schere
- Klebeband
- Knete
- Kleiner Ast

Male eine Walnusshälfte mit Wassermalfarben bunt an. Während die Farbe trocknet, kannst du ein kleines Dreieck aus dem Papier ausschneiden und es bunt anmalen. Dies wird dein Segel. Klebe das Segel an den kleinen Ast, lege etwas Knete in die Walnusshälfte hinein und stelle den Ast in die Knete. Fertig ist dein Schiff.

Wenn du einen Pappteller blau anmalst, hast du ein eigenes Meer für deine Walnussschiffe.

Am Strand von Helgoland

T. & M.: Matthias Meyer-Göllner

2. Ich dachte: Mann, was ist das bloß?
Wo kommt das her? Was ist da los?
Auf einem Fels entdeckt' ich ihn,
sah aus wie'n kleiner Pinguin!
Doch leider sprang er ziemlich tief –
so fünfzig Meter –
und machte dabei auch noch sehr lautes Gezeter.
Es sprangen noch ganz viele hinterher
und unten harter Fels oder das Meer!

Sie schlugen unten auf und machten plop-plop-plop und platsch! Plop-plop-plop-... und platsch!
Immer nur das plop-plop-plop-... und platsch!
Plop-plop-plop-... und platsch!

3. Ich schloss die Augen, hörte: Platsch!
Und dachte: Nein, die sind doch Matsch,
doch dann klang bald vom Wasser her
so ein Gezeter auf dem Meer.
Da schwammen sie und wirkten froh, kein Schmerz, kein Bluten,
und wer auf Fels gelandet war, kroch in die Fluten.
Und weil sowas nicht jeden Tag geschieht,
drum widme ich den Springern dieses Lied.

Die springen von dem Fels und landen plop-plop-plop ... und platsch! Plop-plop-plop-... und platsch!

Auf Helgoland klingt plop-plop-plop-... und platsch!
Plop-plop-plop-... und platsch!

Die Trottellumme plop-plop-plop... und platsch!
Plop-plop-plop-... und platsch!

Lummensprung - Musikspiel

Wenn die Trottellummen vom roten Felsen auf Helgoland springen, landen einige von ihnen auf dem Strand, andere platschen ins Wasser. Dank ihrer guten Polsterung überleben sie diesen Sturz. Im Refrain des Liedes werden die Geräusche angedeutet, die dabei entstehen.

Das Plopp können wir mit dem Mund erzeugen.

Der formt ein O und wir schlagen mit den Fingerspitzen auf die Wangen.

Es entsteht ein leises Geräusch. Die Tonhöhe kann durch leichtes Öffnen und Schließen des Mundes verändert werden. Mit ein bisschen Übung entsteht so sogar eine Melodie.

Zum Platsch patschen wir mit beiden Händen auf den Boden oder wir klatschen in die Hände.

Art der Aktivität:
- einzeln oder gemeinsam

Ziele:
- Rhythmik fördern

Voraussetzungen/ Vorbereitungen:
- Lied anhören

Lummensprung - Bewegungsspiel

Art der Aktivität:
- gemeinsam

Ziele:
- Gruppenerlebnis

Voraussetzungen/ Vorbereitungen:
- Bänke

Im Bewegungsraum werden Bänke aufgestellt. Auf die Bänke stellen sich alle Kinder bis auf eines. Das bleibt unten und stellt sich auf die gegenüberliegende Seite. Seine Rolle ist die der Trottellummeneltern.

Trottellummeneltern fangen an zu rufen:
„Lummenkinder, Lummenkinder, kommt und springt!"

Die Küken auf den Bänken antworten:
„Es ist so tief, ich trau mich nicht!"

Trottellummeneltern
„Keine Angst, du schaffst das schon, sind nur 40 (20/30/50) Meter."

Küken:
„Wie oft muss ich rufen?"

Trottellummeneltern
„4 (2/3/5) mal piep."

Die Küken springen von der Bank und piepsen so oft, wie von den Lummeneltern vorgegeben. Mit jedem Pieps springen die Küken weiter in Richtung ihrer „Familie". Anschließend schwimmen alle zusammen einmal um die Bänke und es wird ein neues Elterntier ausgewählt.

Lummensprung

In der Zeit im Frühsommer, wenn die Tage am längsten und die Nächte am kürzesten sind, kannst du auf der einzigen deutschen Hochseeinsel Helgoland ein ganz besonderes Ereignis beobachten. Du musst dabei allerdings sehr vorsichtig und sehr geduldig sein und außerdem früh aufstehen. Denn die Küken der Trottellummen setzen zu ihrem waghalsigen Sprung meistens in der Dämmerung an. Dann fühlen sie sich am sichersten vor Raubvögeln.

Ungefähr drei Wochen brauchen die kleinen schwarz-weiß gefiederten Vögel, bevor sie sich trauen zu springen. Nachdem sie aus dem Ei geschlüpft sind, versorgen ihre Eltern sie mit Nahrung aus dem Meer. Das wird auf Dauer anstrengend, deswegen müssen die Jungen sich irgendwann selbst auf den Weg nach unten machen.

Der ist allerdings ganz schön weit: 40 Meter und mehr liegen die Felsspalten der langen Anna – so heißt einer der roten Felsen von Helgoland – über dem Meer. Und leider können die Küken noch nicht fliegen. Deswegen sollten sie bei ihrem Sprung am besten im Wasser landen. Aber auch, wenn sie doch auf dem Boden landen, überleben sie das. Ihre flexiblen Knochen und ihr dicker Speckmantel schützen sie vor Verletzungen. Während des kurzen Sprungs stoßen die Vögel ihren typischen Ruf aus, damit ihre Familie sie unten findet.

Trottellummen mögen gern Fisch. Darum leben sie die meiste Zeit auf dem Wasser: Sie können ziemlich gut schwimmen und tauchen. Deshalb ist die Verschmutzung des Meeres eine große Gefahr für die Vögel. Schleichendes Öl kann ihre Federn verkleben, treibender Müll und Netzreste stellen eine Gefahr dar und die Erwärmung der Meere führt dazu, dass es weniger Fisch zu futtern gibt.

Krake und Fisch aus Papprolle

Material:
- Leere Papprolle
- Wassermal-farben & Pinsel
- Schere

Male jeweils eine Papprolle für einen Kraken und eine für einen Fisch mit den Wasserfarben bunt an. Für den Kraken schneidest du in die Rolle unten mit der Schere ein, sodass acht gleich lange Tentakel entstehen.
Biege die Tentakel vorsichtig nach außen und malen dem Kraken ein Gesicht.
Für den Fisch kannst du die Papprolle vorsichtig zusammenklappen.
Auf der linken Seite schneidest du einen Halbkreis aus.
Auf der rechten Seite schneidest du jeweils oben und unten ca. 2 cm mit der Schere einen gebogenen Strich ein.
Klappe die überschüssige Pappe rechts ein, sodass eine Schwanzflosse entsteht.
Fertig ist dein Fisch.

Seesternabdruck

Material:
- Fingermalfarbe
- Buntstifte
- Nach Wunsch kleine Muscheln und Perlen und Klebestift

Für deinen Seestern malst du dir deinen Zeigefinger mit der Fingermalfarbe an und drückst deinen Finger in gleichgroßen Abständen insgesamt fünfmal auf das Papier, sodass eine Kreisform in der Mitte entsteht. Hier kannst du das Gesicht deines Seesterns malen.
Wenn du Lust hast, kannst du den Hintergrund mit kleinen Muscheln und Perlen dekorieren, damit eine schöne Wasserlandschaft entsteht.

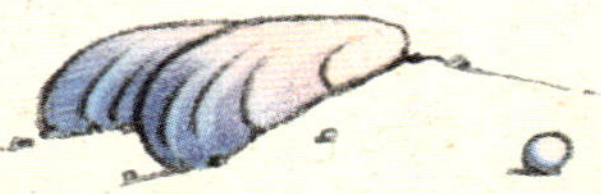

Kläranlage zwischen Ebbe und Flut

Manche Muscheln bilden riesige Muschelbänke im Meer, zu denen bis zu 10 000 Muscheln gehören. In Nord- und Ostsee sind das vor allem die Miesmuscheln. In anderen Bereichen findet man auch Austern. Weil sich Muscheln nicht bewegen können, benötigen sie zur Ernährung das Meer, dass sich um sie herum bewegt – und das funktioniert am besten im Watt.
Das Wattenmeer entsteht dort, wo das Wasser sich im Rhythmus von Ebbe und Flut zurückzieht und wiederkehrt. Bei Ebbe liegt der Meeresgrund offen, bei Flut reicht das Meer bis an die Küstenlinie. Und genau in diesem Kommen und Gehen des Wassers siedeln sich die Muschelbänke an. Aus dem Meerwasser, das sie umspült, filtern sie sich ihre Nahrung heraus. Und das beste: Dabei reinigen sie das Wasser gleich mit. Eine Muschel kann bis zu zwei Liter Wasser filtern – pro Stunde! So werden sie zur natürlichen „Kläranlage" für die Meere.
Diese Funktion macht Muscheln aber auch anfällig für die Meeresverschmutzung. Ist die Schadstoffkonzentration zu hoch, sterben die Muschelbänke. Deshalb stehen sie im Wattenmeer unter strengem Naturschutz.
Wenn das Meer beim Zurückziehen und Wiederkehren durch die Muschelbänke strömt, entstehen Geräusche: Es gluckert und spritzt, es knistert und knackt, es spuckt und saugt. Im Nationalpark im Arguinbecken an der Atlantikküste Mauretaniens – das ist ein Land in Afrika – kannst du diese Geräusche besonders gut hören: Um die Natur zu schützen, sind dort Fahrzeuge mit Motoren verboten. Aber lausche nicht zu lang, denn irgendwann kommt die Flut.

Mein Begleiter

T. & M.: Matthias Meyer-Göllner

2

2. Singende Muscheln wirken wie ein Magnet
und sie halten dich mit Zauberklängen fest.
Aber bald kommt das Wasser, das hier keinen verschont.
Und dann bleibt von dir nicht mal ein kleiner Rest.
Mein Begleiter...
Mmmhhh...

Wenn du ganz genau in eine Muschel horchst, hörst du ein leises Rauschen – ob das wohl das Meer ist?

3. Mensch, reiß dich los, hör nicht auf sie!
Dreh endlich um, sonst schaffst du's nie!
Mein Begleiter...
Mmmhhh...

Der Gesang der Sirenen

Art der Aktivität:
- Gemeinsam

Ziele:
- Gruppenerlebnis
- Bewegung

Voraussetzungen/ Vorbereitungen:
- Lied anhören

Die Sirenen haben versucht, mit ihrem Gesang die Seefahrenden anzulocken. Das versuchen in diesem Spiel auch die singenden Muschelbänke. Wenn das von der Ebbe zurückkehrende Wasser durch sie hindurchläuft, gluckst und gluckert es, als wollten die Muscheln tatsächlich singen.

Beim Spiel wird eine Gruppe aus mindestens drei Kindern gebildet, die den verlockenden Muschelgesang übernimmt:

„Mein Begleiter, kannst du seh'n? ..."
Dabei winken sie mit den Armen als wollten sie sagen: Komm doch her!

Die anderen schwimmen um diese Muschelbänke herum, werden von ihnen angezogen, ihre Kreise werden immer enger, immer näher kommen sie. Gerade so nah, dass die Muscheln sie nicht berühren können, um sich im letzten Moment wieder loszureißen und zu entfernen. Nach einem Durchgang werden die Rollen getauscht.

Happy Klabauter! - Bewegungsspiel

Jedes Kind ist ein Klabauterkind. Vor jedem Klabauter steht eine Dose, ein kleiner Eimer (ohne Henkel) oder eine Papprōhre. Sie dienen als Fass.

„Happy Klabauter!“ *alle Klabauterkinder rufen mit und recken dabei eine Faust in die Höhe.*

Zur ersten Zeile *werden die Hände in die Hüften gestemmt.*

Danach schwanken die Kinder von einem Bein auf das andere.

Anschließend gehen sie in die Knie und klopfen mit der Faust dreimal auf die Planken an der Stelle, an der im Lied gesungen wird: „1-2-3!“

Dann werfen sie mit dem Fuß das Fass, sodass es ein Stück rollt, um es gleich wieder einzufangen. Das muss vorher ein bisschen geübt werden.

Dann folgt das „Happy Klabauter“ *einige Male, zunächst noch gedämpft, aber mit jedem Ruf lauter.*

1. Strophe: *Alle wackeln mit den Knien.*

2. Strophe: *Es wird wild mit den Füßen gestampft.*

Anschließend beginnt es von vorn.

Art der Aktivität:
- einzeln oder gemeinsam

Ziele:
- Rhythmik fördern
- Bewegung

Voraussetzungen/ Vorbereitungen:
- Leere Dosen, kleine Eimer, oder Papprōhren

Klabautermädchen

T. & M.: Matthias Meyer-Göllner

Hände in die Hüften ...

Happy Klabauter, happy Klabauter,
sagt mal, Leute, geht das nicht
noch ein bisschen lauter?
Happy Klabauter ...

2. In der Nacht stört lauter Lärm die Ruh,
das sind die Klabautermädchen,
schlagen wieder zu!

Happy Klabauter, happy Klabauter ...

SPIEL

Die Schatztaucher

Art der Aktivität:
- einzeln oder gemeinsam

Ziele:
- Bewegung

Voraussetzungen/ Vorbereitungen:
- Lied „Ab in die Tiefe“ anhören

Wir beginnen im Stehen.

Bei „5 Meter“ *gehen wir leicht in die Knie und lassen mit einer Hand einen Fisch vorbeizischen.*

Bei „10 Meter“ *beugen wir die Knie weiter, eine Hand nährt sich als „Qualle“ der anderen als „Koralle“.*

Bei „20 Meter“ *geht es richtig in die Hocke. Da hier schon kaum noch Licht von oben eindringt, sehen wir das Gefunkel der leuchtenden Lebewesen – angedeutet mit den Fingern beider Hände.*

„40 Meter“ *– wir landen auf dem Boden und machen Schwimmbewegungen nach rechts, dann nach links und öffnen die erste Tür. Als uns ein Geräusch erschreckt, schwimmen wir zurück. Alles geht jetzt umgekehrt und schneller. Beim Auftauchen schütteln wir den Kopf, holen Luft und machen uns groß. Wir klatschen mit einer Hand auf das imaginäre Wasser und ruhen uns aus.*

Im zweiten Durchgang kommt eine weitere Tür hinzu. Im dritten Durchgang finden wir eine Schatzkiste. Das Gold darin wird an alle verteilt. Nach dem Auftauchen zeigen wir unseren Schatz und verstecken ihn an einem sicheren Ort – zum Beispiel in der gebastelten Schatzkiste.

BASTELN

Schatzkiste

Material:
- Alter Schuhkarton
- Wassermalfarbe
- Muscheln, Perlen etc.
- Klebestift

Male den Schuhkarton und den Deckel von außen bunt an. Wenn du willst, kannst du auch Seesterne, Schildkröten oder eine Trottellumme auf den Karton malen. Danach kannst du kleine Muscheln und Perlen auf den Karton kleben.

Ab in die Tiefe

T. & M.: Matthias Meyer-Göllner

1. Ab in die Tiefe runter zum Riff.
Wir lassen uns fallen, denn da liegt ein Schiff.

Fünf Meter – da schwimmt ein Fisch, zisch!
Zehn Meter – die Qualle will zur Koralle.
Zwanzig Meter – tief im Dunkel noch Gefunkel.
Vierzig Meter – dunk!

Das sind die Planken, komm, wir schwimmen flott.
Rechts um den Schornstein, links bis zum Schott,
an der Kajütentür: Stopp!
Tür auf – quietsch, Tür zu – bumm,
weiter schwimmen.

Halt! Was war das?
Ein Tier? Ein Mensch? Ein Ungeheuer?
Hilfe!
Zurück!
Tür auf, Tür zu, schwimmen,
rechts vom Schott, links um den Schornstein,
dann nach oben nicht zu flott!
Zwanzig Meter – Gefunkel im Dunkel
Zehn Meter – Koralle mit Qualle
Fünf Meter – Fisch, zisch.

Hoch und schüttel' den Kopf heraus,
hol tief Luft und mach dich groß,
klatsch auf's Wasser, ruh dich aus,
alles klar geht's wieder los?

2. Ab in die Tiefe runter zum Riff. ...

An der Kabinentür: Stopp!
Tür auf – quietsch, Tür zu – bumm,
weiter schwimmen.

Halt! Was war das?
Ein Hai? Ein Geist? Ein Fabelwesen?
Hilfe!
Zurück!
Tür auf, Tür zu, schwimmen,
Tür auf, Tür zu,
rechts vom Schott, links um den Schornstein, ...

3. Ab in die Tiefe runter zum Riff. ...

An der Kabinentür: Stopp!
Tür auf – quietsch, Tür zu – bumm,
weiter schwimmen.
An der Schatzkiste: Stopp!
Klappe auf – Klappe zu, nein langsam!

Halt! Was ist das?
Ein Schatz aus Gold, ein Taler für jeden!
Hurra!
Zurück!
Schatzkiste zu – bumm, schwimmen,
Tür auf, Tür zu, schwimmen,
Tür auf, Tür zu,
rechts vom Schott, links um den Schornstein, ...

Hoch und schüttel' den Kopf heraus,
hol tief Luft und mach dich groß,
klatsch auf's Wasser, zeig den Schatz,
dafür brauchst du 'nen guten Platz.

Tauche, passend zum Lied in dem Spiel „Die Schatztaucher" auf Seite 50 ab.

Sasa Samoa

T. & M.: Matthias Meyer-Göllner

Der Sitztanz aus Samoa

Zu diesem traditionellen Tanz aus Samoa gehören folgende Bewegungen:

Mili-mili: *Hände reiben*

Pate: *Einmal klatschen*

Luo Pate: *Zweimal klatschen*

Male po: *Auf den Boden patschen*

Tiger: *Hände hochnehmen und fauchen*

Kobra: *Einen Arm auf die andere Hand setzen und zischen*

Hallo Sonne – uhhh: *Nacheinander auf Beine, Bauch und Schultern patschen, danach zum „uhh“ an den Himmel, anschließend rückwärts*

Unser Boot – oi: *Abwechselnd rechts und links mit beiden Armen im Rhythmus rudern*

Achtung Gewitter: *Einmal mit beiden Armen nach links, einmal nach rechts*

Donner und Blitz: *Wieder beide Arme links, rechts, nach „Blitz“ klatschen*

Art der Aktivität:
- einzeln oder gemeinsam

Ziele:
- Koordination, Empathie

Voraussetzungen/ Vorbereitungen:
- Lied anhören

© Isabell Strack (Eutin)

Matthias Meyer-Göllner,

geboren 1963 in Neumünster, dichtet und singt Lieder für Kinder. 1992 gründete er in Kiel *Irmi mit der Pauke* – unter diesem Label veranstaltet er Familienworkshops, Musikveranstaltungen und Mitmach-Konzerte. Er führt Musicalprojekte in Zusammenarbeit mit Schulen durch und gibt seine Erfahrungen in Seminaren und Fortbildungsveranstaltungen an Pädagog*innen weiter. Matthias Meyer-Göllner lebt mit seiner Frau und seinem Sohn in Kiel.

© Tina Vlachy

Tina Vlachy

illustriert Kinderbücher und begleitet Kindertheaterprojekte mit ihren Bildern. Sie gestaltet Lern- und Gesundheitsprogramme für Grundschulkinder und zeichnet gerne alles, was große und kleine Menschen interessiert und fasziniert. Am allerliebsten bebildert sie Abenteuer- und Tiergeschichten.